AF227109

LA BONNE CAUSE

ET

LE BON PARTI,

PAR MICHEL, IMPRIMEUR-LIBRAIRE, A BREST.

Dimicasse domi cùm civibus, sociis, totoque inter se Senatu, turpe atque miserandum.

FLORUS, Lib. III.

Nous devons rougir et gémir tout à la fois de nos guerres civiles et domestiques, de celles des alliés et des sanglantes dissensions qui déchirèrent le corps entier du Sénat.

Traduction de l'Abbé PAUL.

SECONDE ÉDITION.

A BREST,

CHEZ MICHEL, IMPRIMEUR-LIBRAIRE;

A PARIS,

CHEZ { EYMERY, LIBRAIRE, RUE MAZARINE; LES MARCHANDS DE NOUVEAUTÉS.

1811

LA BONNE CAUSE

ET

LE BON PARTI.

DANS l'espace de vingt-quatre ans, nous avons connu toutes les Magistratures Suprêmes qui régirent Rome pendant dix siècles. Après avoir été quatorze cents ans soumis à une succession de soixante-six Rois, nous avons abattu l'arbre antique de la Monarchie française, pour lui substituer celui de la liberté : la liberté ! divinité monstrueuse qui, semblable aux dieux des Cannibales, n'a été satisfaite qu'à force de sacrifices humains ! Nous avons eu nos tribuns et nos sénateurs ; nous avons alternativement gémi sous le joug des dictateurs, des triumvirs, des consuls, et enfin d'un Empereur.

Sous ces différens Gouvernemens, la France a-t-elle été heureuse ?

Des idées vraiment libérales, semées dans les cercles, dans les groupes et dans les assemblées publiques, par les premiers apôtres de la Révolution, et que Louis XVI, Monarque essentiellement populaire, s'étoit empressé d'adopter, avoient séduit la majorité des plébéiens et même un assez grand nombre de patriciens. L'abolition des droits féodaux, la suppression des dîmes et des corvées, une égale répartition des impôts, l'admission de tous les citoyens aux emplois civils et militaires, ces bases principales de la Constitution de 1791, qui le sont encore de celle de 1814, avoient excité un enthousiasme que la raison la plus froide ne pouvoit condamner. Beaucoup de nobles avoient fait l'abnégation volontaire de leurs priviléges. Les hommes que les écrits des Montesquieu, des Jean-Jacques, des Voltaire et autres génies supérieurs du dix-huitième siècle avoient éclairés, je dirois presque embrasés, se trouvèrent dès lors plus grands : ils sentirent toute la dignité de leur être. La bourgeoisie entrevit, dans le nouvel ordre de choses, les progrès de l'industrie et la prospérité du commerce ; et la classe plus nombreuse des ouvriers, et de ceux qu'on a coutume d'appeler le peuple, eut l'espoir d'un avenir plus heureux ; tout enfin sembloit promettre l'âge d'or.

Mais soudain l'horizon s'est obscurci, le prestige s'est dissipé. Les théories brillantes de félicité publique ont à peine eu un commencement d'exécution. Des agitateurs, des brouillons, des intrigans, et bientôt des hommes dépravés, des vampires, des brigands, des assassins se mirent sur les rangs, et ne tardèrent pas à usurper les premières places, en s'étayant des principes de la liberté, dont on avoit rendu le nom sacré, mais à qui on n'avoit pas osé prescrire des limites. On sait assez quelles furent les suites désastreuses du règne de ces tyrans farouches qui, en quelques années de domination, ont consommé les crimes de plusieurs siècles. Je n'entreprendrai pas de tracer le tableau de leurs forfaits, ni des déplorables événemens de cette funeste Révolution : une pareille tâche n'appartient qu'aux Tacite, aux Suétone et aux Perse de notre siècle. Je leur laisserai aussi le soin de peindre *Napoléon*. Mon seul but est d'établir une espèce de parallèle entre les actes du Gouvernement actuel et ceux du précédent, et de tirer de cet examen la conséquence infaillible que la cause de notre ROI légitime est *la bonne cause*, et que se soumettre à sa bienfaisante autorité *est le bon parti*.

Le seul amour de la Patrie et du Prince guide ma foible plume : j'éprouve un sentiment pénible quand j'entends les plaintes de certaines personnes qui, sans s'être donné la peine de réfléchir, ne craignent pas de condamner. Je voudrois leur persuader que si tout n'est pas bien, *tout est au moins pour le mieux*. Je voudrois pouvoir ramener à des sentimens modérés ceux que l'effervescence de la jeunesse ou la force des préjugés écartent encore de la bonne route : ils ont des yeux et les ferment pour ne pas voir , ou se laissent maîtriser par la haine et par d'autres passions non moins aveugles.

Louis XVIII vient de monter sur le trône illustré par ses ancêtres, et d'où son auguste frère, qu'on ne peut assez regretter, a été précipité vingt ans auparavant. L'usurpation, appuyée de la force, avoit seule pu priver Louis-Stanislas-Xavier de ses droits à la Couronne de France. Les lois imprescriptibles des nations ne sont jamais violées impunément ; mais l'empire de la force est sujet à des variations. Repoussés par une masse formidable d'hommes, les Bourbons ont été contraints de se réfugier dans des terres hospitalières, où ils ont dû rester tant qu'ils ont été les plus foibles. Une autre masse, non moins redoutable, les ramène, les remet à leur place ; qu'y a-t-il là de surnaturel ? Bénissons-en la Providence, nous qui faisions des vœux pour leur retour ; mais que ceux qui regrettent l'idole renversée soient au moins forcés de convenir que telle doit être la marche des événemens.

Naguères nous nous agitions sous l'étendard impérial, maintenant nous nous reposons sous le drapeau sans tache.

N'avons-nous pas reconnu depuis long-tems dans Louis, Prince français, les vertus sublimes qui font l'homme de bien, et les qualités éminentes qui nous garantissent le bonheur sous

(5)

son règne ? N'a-t-il pas toujours été irréprochable dans sa conduite publique, et dans sa vie privée ?

La grande majorité des français, accablée sous le sceptre de fer d'un étranger, a tendu les bras à ses Princes légitimes et s'est rangée sous l'antique bannière des lis ; elle a arboré le panache blanc du bon Henri IV : quelle source de félicité dans ce changement naguères inespéré !

Je vois pourtant encore quelques hommes mutinés, ralliés autour de l'aigle abattu, qui paroît être pour eux le feu sacré. Ce rassemblement se compose de gens de différentes classes. Ici sont les constitutionnels (*). Là des braves des armées de terre et de mer. Enfans gâtés de la victoire, ils voient avec peine enchaîner leur courage ; ils croient leur honneur perdu, s'ils ne meurent pas sur le champ de bataille. Près d'eux, se pressent des jeunes gens nés depuis la révolution, et à qui une éducation toute martiale avoit inspiré le goût des armes ; au centre, des employés d'administration qui craignent la réforme, et quelques négocians qui prévoient des désavantages dans le Traité de Commerce ; plus loin, quelques acquéreurs de biens nationaux, les égoïstes, les gens qui ne veulent pas être de l'avis du plus grand

---

(*) Depuis que la nouvelle Charte est connue, ils ont abandonné le parti.

nombre et d'autres qui ne sont que les échos de ceux qu'ils fréquentent ; à l'écart, des patriotes de 93 qui redoutent la réaction. Chacun a son groupe : les braves voudroient-ils s'allier aux suppôts de la terreur ? Il est cependant une espèce qui parcourt alternativement tous les rangs, et porte toutes les livrées ; elle possède sa tactique ; ses manœuvres sont savantes : adroitement elle pousse des soupirs, laisse échapper des murmures. Si on lui applaudit, alors elle étend ses moyens, elle s'agite, se répand en plaintes amères, crie à la trahison, à la honte, aux malheurs. Cette espèce, que chacun a déjà reconnue, est celle des malveillans. Elle avoit été signalée à la police de *Buonaparte*, qui l'avoit réduite au silence. Aujourd'hui qu'on peut librement manifester son opinion, qu'on peut même impunément et sans danger crier *Vive l'Empereur !* (*) elle secoue les brandons de la discorde. N'en doutons pas, les efforts des perturbateurs seront vains ; bientôt ils crieront dans le désert : les esprits égarés se rendront à la raison, à l'évidence ; encore quelques jours, et tous les français béniront, d'un commun accord, le retour de LOUIS LE

(*) Un Ordre du jour de S. Exc. le Ministre Secrétaire-d'État du Département de la guerre interdit aux militaires et aux prisonniers ce cri de sédition, propre à troubler la tranquillité publique.

Désiré, et formeront des vœux unanimes pour la longue durée de son règne.

Il est certain que, dans un choc aussi violent que celui qui nous a frappés, plusieurs intérêts doivent être froissés. Dans toute autre circonstance, ceux qui ont éprouvé ou qui éprouveront des réformes auroient peut-être le droit de les regarder comme des injustices ; mais en ce moment, ils doivent sacrifier leur intérêt particulier à l'intérêt général ; ils doivent considérer que les énormes et inutiles dépenses du Gouvernement de *Buonaparte* commandent impérieusement au ROI l'économie la plus stricte. En prenant les rênes de l'État, il n'a trouvé que des charges de toute espèce, et point de ressources : le Trésor étoit vide, et les caisses de presque toutes les administrations avoient été spoliées. Cependant le premier objet de sa sollicitude a été la garantie de la dette publique. Il s'est ensuite occupé de fixer le sort de ces incomparables armées qui ont pu céder une fois au nombre et à des événemens imprévus, mais qui n'ont pas encore été vaincues, et *dont la gloire*, comme l'a dit notre MONARQUE, *n'a reçu aucune atteinte.*

La retenue d'un cinquième, ordonnée par le fisc de *Buonaparte*, avoit déjà été opérée sur les appointemens des militaires et employés qui avoient eu la faveur spéciale de les toucher ; ce cinquième sera restitué par le Gouvernement actuel. Mais, va-t-on dire, ce sont-là des promesses dont nous ne voyons pas les effets. Eh! soyons moins exigeans. La patience n'est nécessaire aujourd'hui que pour voir notre situation s'améliorer de plus en plus; et sous *Buonaparte*, chaque jour nous plaçoit dans un état plus désespérant. Sommes-nous donc assez dépourvus de sens pour penser qu'une machine aussi compliquée que l'administration d'un grand Royaume, après avoir été entièrement disloquée dans son ensemble et dans ses diverses parties, puisse se rétablir tout à coup? Donnez à un horloger habile une montre dont les rouages seront brisés et la chaîne rompue, lui rendra-t-il son mouvement régulier à l'aide de quelques tours de clefs? La montre ne marchera que quand les pièces refondues, réparées et réunies une à une, pourront s'engrener et se trouver dans les rapports qu'elles doivent avoir entre elles. Combien ce travail exigera-t-il de tems, surtout si l'artiste n'a pas d'abord en sa possession les matières premières! Mais l'impatience française se prête difficilement aux lenteurs salutaires que doit exiger une Régénération aussi complette que celle qui nous est apportée.

N'a-t-on pas trouvé bien long le mois pendant lequel le ROI nous a procuré un Traité de Paix générale, qui concilie tant d'intérêts opposés, et une Constitution si sage, si libérale qu'elle a en l'unanimité des suffrages. Examinons donc tout ce qui étoit à faire, et nous serons convaincus que ce qui a été fait jusqu'ici a exigé une activité étonnante, et que l'exécution de ce qui est resté arriéré étoit impossible.

Que demande-t-on? Le militaire, le marin, le commis, le fournisseur, répondent : *de l'argent.*

Il est certainement très-fâcheux qu'on ne puisse pas sur-le-champ les satisfaire; mais pendant qu'ils font entendre cette juste réclamation, la plupart des contribuables refusent d'acquitter leurs cotisations. Quelques-uns se sont imaginé qu'on ne devoit plus payer ni impôts directs ni impôts indirects; un plus grand nombre, comptant sur une diminution considérable, attend qu'elle soit fixée; d'autres enfin ont résolu de ne payer que quand ils y seront contraints. Ainsi les recouvremens sont arrêtés et les réclamations se multiplient. Le Gouvernement, qui ne peut payer qu'autant qu'il reçoit, se trouve malgré lui dans la fâcheuse alternative de menacer les uns de sévir contre eux, et de n'avoir que des promesses à offrir aux autres. Pour tirer le Gouvernement d'un tel embarras, il faudroit qu'un nouveau Jupiter se transformât en pluie d'or.

D'un autre côté, les caisses publiques ont été épuisées pour le renvoi des nombreux prisonniers étrangers qui étoient entassés sur les

frontières maritimes. En ce moment, il faut fournir aux prisonniers français, qui rentrent en foule
sur le territoire, la nourriture et une conduite
pour se rendre à leur destination : aucune dépense n'est plus sacrée, n'est plus pressante
que celle-là. Elle a absorbé, au moins dans nos
arrondissemens, tous les fonds destinés à d'autres usages. Qui pourroit blâmer ce sage emploi
des ressources disponibles ? Quel est l'homme,
même parmi ceux qui éprouvent des besoins
urgens, qui ne feroit pas le sacrifice d'une
partie de ce qui lui reste pour soulager ces
malheureuses et intéressantes victimes de la
guerre ? Braves Militaires, vous avez su, dans
tous les tems, vous soumettre aux privations ;
montrez-vous toujours les mêmes. Qui jamais
en a exigé un plus grand nombre; qui jamais
en a fait endurer de plus cruelles que *Napoléon?*
Ne les voyez-vous pas encore ces routes de la
Russie, jonchées des cadavres de vos infortunés compagnons d'armes que le dénuement
et la misère avoient fait périr ? N'avez-vous pas
vous-mêmes traversé trois cents lieues de ces
affreux déserts, sans cesse harcelés par un
ennemi formidable, en proie à tous les maux
de la guerre, de la famine, et aux rigueurs
d'un froid excessif ? Vous invoquiez la mort
comme un bienfait ; elle vous a épargnés, mais
elle vous préparoit de nouveaux désastres. C'est
en Allemagne, c'est en France, c'est sous les murs

même de la capitale que les restes des armées françaises, échappés au fer de l'ennemi et à une épidémie fatale, sont destinés à succomber, épuisés de fatigue, privés de vivres, d'approvisionnemens de tout genre, de solde, de médicamens et même de pansemens : le soldat reste seul avec son courage, qui sé trouve paralysé par tant d'obstacles. Qui a réduit nos incomparables phalanges à ces funestes extrémités ? *Napoléon*. Et pourtant *Napoléon*, tout coupable que vous le déclarez vous-mêmes, est encore le dieu que plusieurs de vous encensent. Vous vous rappelez ses brillantes conquêtes, mais vous oubliez combien elles ont coûté de sang et de larmes ; vous oubliez avec quelle barbarie, mettant à profit votre inébranlable fermeté, il *consommoit* inutilement des milliers de braves ; vous oubliez qu'aussi fougueux dans ses volontés qu'injuste dans ses prétentions, il vouoit sans balancer au déshonneur, des corps, des chefs, des généraux, des maréchaux, que sés imprudentes manœuvres avoient engagés dans des postes où ils ne pouvoient trouver que la mort et la honte d'une défaite ; vous oubliez qu'avide de carnage, il poussoit la cruauté jusqu'à faire de froides plaisanteries sur l'affreux spectacle que présentoient les champs de bataille après des combats meurtriers ; vous oubliez que, dans sa fuite de Moscow, il n'a pas craint d'armer les français contre les français, en ordonnant à sa Garde de tirer sur les débris de ses armées *que la nature n'avoit pas trempés assez fortement*, et qui, périssant de faim, demandoient à partager le pain dont, soigneux de ménager sa personne, il avoit pourvu sa Garde et son *Escadron sacré;* vous oubliez que, toujours occupé de son seul salut, il a fait sauter le pont de Leipsick et coupé lui-même ainsi la retraite à ses armées; vous oubliez la bataille meurtrière de Hanau, qui n'avoit encore d'autre but que de protéger son évasion; vous oubliez enfin que, dans toutes les circonstances, il vous a sacrifiés impitoyablement et qu'il vous a lâchement abandonnés dans les dangers. Soldats, avez-vous pu perdre le souvenir de tous les maux que *Napoléon* vous a fait souffrir et de toutes les vexations qu'il vous a fait endurer?

Et vous, Marins, qui par votre bravoure n'honorez pas moins que nos armées le nom Français, pouvez-vous donner des regrets au destructeur de la Marine; à l'homme qui affectoit pour cette arme le mépris le plus absolu; à celui qui disoit avec une ironie insultante : *J'enverrai des Colonels de cavalerie commander mes vaisseaux?* J'en appelle à ceux de vous qui se déclarent aujourd'hui ses plus chauds partisans, qu'ils me citent les actes de son Gouvernement dirigés vers la prospérité de la Marine. Je ne sais si je me trompe, mais j'en connois peu qui aient ce caractère.

Le féliciterez-vous d'avoir fermé les ateliers des Ports de France et surtout de Brest, et d'avoir porté toute l'activité des travaux maritimes à Anvers et à Flessingue ? Comme moi, vous connoissez la cause de cette préférence : vous savez qu'à Brest tout étoit fait, magasins, cales, bassins et fortifications ; et qu'à Anvers, au contraire, tout étoit à faire. A Brest, les établissemens les plus commodes étoient à sa disposition ; mais *Buonaparte* veut édifier ! Comment pourroit-il renoncer à la gloire de faire dire à la postérité : « *Napoléon* a *créé* un grand port ? » Que sont toutes les autres considérations auprès de celle-là ? Que lui importe d'engloutir millions sur millions dans un pays tout commerçant, et auquel notre domination étoit odieuse ? c'est à la sueur de son peuple à les lui fournir. Que lui importe que les vaisseaux qu'on y construit doivent y pourrir sans utilité ? Que lui importe que le climat soit insalubre pour ceux qui y sont étrangers ? n'a-t-il pas le pouvoir de le changer à volonté ? Tant que les Français ont occupé le pays, il étoit, assuroit-il, très-sain ; mais dès que les Anglais en ont été les maîtres, il est tout à coup devenu tellement perfide que la mortalité y étoit extraordinaire. *Buonaparte* a l'art de régler, selon ses désirs, non-seulement les influences de l'air, mais même les saisons. A Moscow, le 17 septembre, il s'étonne que *la température soit celle de l'automne* (1) ; — le 23 octobre, *les Russes*, dit-il, *ne reviennent pas du tems qu'il fait : c'est le soleil et les belles journées du voyage de Fontainebleau* (2) ; — *jusqu'au 6 novembre, le tems a été parfait*, écrit-il le 3 décembre (3). Vous voyez ici le Grand Homme en admiration de jouir, au centre de la Russie, d'un si beau tems, au mois de novembre : et il sembloit en effet que le Ciel le lui ménageoit pour sauver tant de milliers de victimes ! Pourquoi n'a-t-il pas profité de cette faveur extraordinaire ? A son retour de cette campagne, plus surpris encore de n'être pas gelé qu'il ne l'avoit été du beau tems, il reçoit les félicitations du Sénat, dans une Adresse que ce Corps est admis à l'honneur de lui présenter. (Cette Adresse sera un monument curieux pour l'histoire ; lisez-là, et puis croyez aux sermens !) Dans sa Réponse, l'*Empereur*, réchauffé, paroît ne plus se rappeler ni ses exclamations sur le beau tems, ni les aveux effrayans de son 29e. bulletin. A peine en parle-t-il ; cette seule phrase lui échappe : *Mon Armée a essuyé des pertes, mais c'est par la rigueur* PRÉMATURÉE *de la saison* (4). Le grand Prophète a oublié que

---

(1) Voyez le 20e. Bulletin.
(2) Voyez les 26e. et 27e. Bulletins.
(3) Voyez le 29e. Bulletin.
(4) Voyez le Moniteur du 21 décembre 1812.

dès

dès le mois de septembre, il s'étoit *étonné* et félicité que la *température fût douce* dans ces contrées. En effet, n'est-ce pas une grossière dérision que d'appeler PRÉMATURÉ le froid qui, par le 15ᵉ. degré Nord, commence à se faire sentir le 7 novembre !...... Dans ses paroles comme dans ses actions, on rencontre à chaque pas des inconséquences, des contradictions et des vues impolitiques. Étoit-il sage d'élever, avec des frais énormes, des bassins, des quais, des cales, des magasins, des forts, un arsenal enfin, sur un point que déjà les Anglais avoient attaqué et pris en partie, et dont tôt ou tard ils pouvoient devenir les maîtres? La raison ne s'opposoit-elle pas à ce que l'on construisît une grande quantité de vaisseaux dans un port où il étoit si facile à l'ennemi d'empêcher leur sortie (et peut-être de s'en emparer) , et où par conséquent ils n'étoient plus que des vaisseaux de parade? Ajoutez à cela qu'il en coûtoit des sommes considérables pour les armer et les désarmer tour à tour, suivant la saison et le lieu de leur station ; observez encore que tous ces vaisseaux seroient aujourd'hui infailliblement perdus pour nous, si les ennemis eussent fait la Paix avec *Buonaparte*. Nous devons à la modération de Louis et à la confiance qu'il a su inspirer aux Souverains Alliés d'en recouvrer les *deux tiers*. Je sais bien qu'on va m'objecter la disette des bois de construction et la difficulté d'en faire parvenir dans les ports français. Il faut convenir que cet obstacle, qu'on auroit pu éviter en faisant des approvisionnemens pendant la paix, étoit réel. Il n'étoit pourtant pas insurmontable, et les gens instruits s'accordent à dire qu'eût-on dû en faire venir par terre, cette mesure, toute dispendieuse qu'elle auroit été, auroit encore présenté une grande économie, puisqu'elle épargnoit les frais incalculables des établissemens formés à Anvers et à Flessingue. Si les vaisseaux, disent encore les connoisseurs, eussent été faits à Brest, ils seroient d'une bien meilleure construction et on auroit pu leur faire prendre la mer, si on l'eût jugé utile. Toujours, dit-on, (et en effet on en a plusieurs exemples) les vaisseaux séparés, et même les escadres ont pu sortir de Brest et y rentrer, malgré la présence des flottes ennemies.

Défenseurs de *Napoléon*, le disculperez-vous de ses folles et inutiles dépenses dans l'Escaut ? Approuverez-vous son obstination à méconnoître les avantages inappréciables du Port et de la rade de Brest, que toutes les Nations maritimes vous envient ? Avez-vous remarqué, dans tous les Rapports faits au Corps - Législatif sur la Situation de l'Empire, que Brest n'y figuroit que comme un port du dernier ordre, et que plus d'une fois même il n'y fut seulement pas nommé ?.... Reconnoissez-vous les efforts d'un

génie supérieur dans ses lois et dans ses opé-
rations maritimes ? Non : vous les avez toujours
blâmées vous-mêmes ; vous avez regardé comme
une innovation désastreuse la formation des
marins en équipages et en compagnies ; vous
avez pensé avec raison qu'on ne vous donnoit
cette organisation militaire, qu'on ne dressoit
vos matelots aux manœuvres de l'infanterie que
pour vous les enlever à l'occasion. C'est ce qui
est arrivé : vos équipages n'étoient plus que des
dépôts de troupes ; l'Armée s'y recrutoit, et la
Conscription les alimentoit, comme elle fournis-
soit, tous les trois mois, un nouveau bataillon de
guerre ou plutôt de victimes à chaque Régiment.

Le Gouvernement de *Buonaparte*, vous ne
le nierez pas, n'a fait aucun effort, n'a pris
aucun moyen pour relever le Marine Française. Jamais il ne lui a accordé aucune faveur,
aucune considération. Il la payoit à la vérité,
mais c'étoit plutôt pour que cette dépense
figurât au Budjet de chaque année que pour
sa splendeur et pour l'utilité qu'il en pouvoit
tirer.

Ses expéditions sur mer ont été déclarées,
par des marins même, ou imprudentes, ou
mal concertées, ou quelquefois mal dirigées.
Elles ont eu rarement un heureux résultat.
Aussi étoit-on accoutumé à regarder d'avance
comme perdus les bâtimens qui sortoient de nos
rades. Les braves qui les montoient étoient

bien déterminés à vendre cher leur vie, et ils
ont bien prouvé qu'ils savoient affronter les
périls avec autant de courage que de soumission.
Mais, dévouement vraiment héroïque ! ils par-
toient frappés du pressentiment sinistre qu'ils
couroient à la mort ou à l'esclavage. Echappoient-
ils, comme par miracle, à ces dangers, ils
avoient à craindre, à leur retour, qu'un mot
imprudent du Despote les vouât au déshonneur:
M. de Saint-Cricq en a fourni un exemple frap-
pant. Il ne m'appartient pas plus d'absoudre
que de condamner cet officier, mais sans
m'arroger ce droit, je puis au moins affirmer
que la Note infamante du Moniteur sur son
compte étoit un prononcé de jugement
avant l'instruction du procès, qu'elle étoit un
acte de la plus violente tyrannie. Il est même
permis de croire que *Buonaparte*, en la faisant insérer dans son Journal officiel, avoit
cru porter l'arrêt de mort de *M. de Saint-
Cricq*. Les juges ont eu le courage de ne pas
sanctionner cette sentence asiatique.

Mais depuis long-tems le malheur que les
marins redoutoient le plus étoit celui d'être
pris. Une fois au pouvoir des ennemis, ils n'en-
trevoyoient pas de terme à leur dure captivité.
Entassés dans des prisons, souvent malsaines,
la plupart y contractoient des maladies qui les
conduisoient lentement au tombeau, et aux-
quelles quelques-uns pourtant ont dû leur dé-

livrance. Les autres, en proie à tous les genres
de misères qui peuvent accabler de malheureux
prisonniers, gémissoient sous le poids de leur
infortune, et n'avoient pas même, pour adou-
cir leurs maux, les douces illusions de l'espérance. Plusieurs étoient époux et pères et se
voyoient ainsi séparés des tendres objets de leur
affection, peut-être pour ne les revoir jamais !
Qu'elles sont longues et douloureuses les années
perdues loin d'une famille chérie ! Quel supplice
de les compter ainsi dans la douleur jour
par jour ! D'autres, sortis à peine de l'en-
fance, voyoient consumer la fleur de leur jeunesse et l'espoir de leur avancement dans des
fers que la pétulance de leur âge et une noble
ambition leur rendoient plus insupportables.
Quelques-uns, fatigués d'une existence si pénible, se sont donné la mort. Un grand nombre a
enduré, dix ans, ce supplice lent, cette terri-
ble agonie. *Buonaparte* étoit sourd à leurs
soupirs, à leurs plaintes et à leurs réclamations.
Auteur de leur infortune, il s'y montroit tout-
à-fait insensible. Des négociations ont été ou-
vertes à plusieurs reprises pour un échange;
ses prétentions souvent exagérées, toujours
déplacées, les ont fait rompre. L'intérêt de
tant de milliers de victimes, qui poussoient des
cris de détresse, n'a jamais pu lui arracher la
moindre concession. *Sa volonté*, comme on l'a
déjà dit, *étoit de fer;* on peut assurer aussi

que son cœur étoit de bronze. Non content de les abandonner dans une terre de douleurs, ce Despote mettoit le comble à leur désespoir en interceptant les nouvelles et les secours que les parens de ces malheureux leur adressoient. Des monceaux de lettres, entassées depuis plusieurs années par son inquisition, viennent d'être envoyées à leur destination par le Gouvernement Régénérateur qui les rend à leur Patrie et à leurs familles. *Buonaparte* du haut du trône où ses intrigues l'ont placé, ne daigne pas laisser tomber un regard, même de pitié, sur les infortunés que son insatiable ambition a rendus captifs : voilà l'Usurpateur! Louis XVIII au contraire auroit pu, dans son exil, considérer comme ennemis les français qui le méconnoissoient ; mais il n'a jamais oublié qu'il étoit leur père ; il n'a cessé d'intercéder près des divers Souverains pour en obtenir un adoucissement aux maux de ceux que les chances de la guerre leur livroient : voilà le vrai Monarque !

Mais qu'elle est inconcevable la bizarrerie de l'esprit humain ! Qu'elle est étrange la fatalité des événemens ! Des prisonniers, qui ne doivent leur liberté qu'à la tendre sollicitude du ROI, qui devroient baiser respectueusement la main protectrice qui brise leurs fers, qui devroient réserver leurs malédictions pour celui qui les a sacrifiés à son ambition insatiable; des prisonniers, dis-je, quelques militaires et quelques marins témoignent hautement leur mécontentement du renversement de *Napoléon*, proclament encore *Empereur* celui qui n'a jamais vu en eux que les instrumens passifs de ses folles conquêtes. Au contraire, ils ne craignent pas d'affliger, par leur inconcevable résistance, un MONARQUE vraiment sensible qui, après le désir de rendre la France heureuse et prospère, n'a rien tant à cœur que de se concilier l'amour de ses sujets. Je ne supposerai pas de mauvaises intentions à ces hommes inconséquens ; je les crois prévenus, égarés, et mal instruits des causes et des circonstances de l'heureux changement qui a ramené nos Princes légitimes au sein de la grande famille des français. C'est à ceux sous les ordres de qui ils servent aujourd'hui à les détromper et à les ranger à la soumission : la soumission est toujours, surtout pour des militaires, le chemin de l'honneur.

Parmi les divers employés de l'Administration et les chirurgiens qui n'étant qu'*auxiliaires* ont déjà été licenciés ou craignent de l'être, il en est, je le sais, à qui leurs services pourroient donner des droits à la conservation de leurs places. Quelques-uns murmurent, et non pas peut-être sans fondement, de se voir ainsi renvoyés et privés d'un état qu'ils exercent depuis nombre d'années, tandis que des jeunes gens, de nouveaux initiés sont conservés comme *entretenus.* Peuvent-ils raisonnablement imputer le tort au Gouvernement actuel ? N'est-ce pas celui de *Buonaparte* qui a été injuste à leur égard ? N'est-ce pas lui qui a méconnu leurs services ? N'est-ce pas lui qui les a laissés languir dans la classe des *auxiliaires* ? Mais ce Gouvernement, si exalté aujourd'hui par certaines gens, n'a-t-il pas fait plus il y a quelques années ? n'a-t-il pas subitement désorganisé l'Administration ? ce ne sont pas seulement les *auxiliaires* qu'il a frappés de la hache de la réforme ; ses coups se sont portés sur tous les *entretenus ,* qu'il a supprimés sans aucun ménagement , exemple inoui jusqu'alors. Ceux même à qui les besoins du service ont forcé de donner de l'occupation ont non-seulement perdu toute garantie pour l'avenir , mais ils ont encore subi une diminution du tiers et même de moitié dans leurs appointemens , lorsque le renvoi d'un grand nombre de commis a rendu leur travail plus long et plus pénible : c'est contre de pareilles mesures qu'il peut être permis de crier à l'injustice. Mais, en ordonnant des suppressions jugées nécessaires , le ROI a dû réformer les *auxiliaires* de préférence aux *entretenus* : c'est une mesure générale, une mesure dictée par l'impartialité. Si quelqu'un a des motifs de plainte , qu'il les fasse valoir , les BOURBONS n'ont pas , comme *Buonaparte ,* fermé l'oreille aux réclamations : ils les écoutent toutes. Du moins est-il certain qu'une fois l'Organisation arrêtée, elle ne sera plus sujette à ces variations capricieuses ordonnées par un Despote ; elle offrira à ceux qui y seront compris un état stable et un avancement progressif. Elle présentera même à ceux qui seront éloignés pour le moment la perspective de remplir les places qui viendront à vaquer. Que peut-on exiger de plus ?

Buonaparte insultoit chaque jour à la Marine ; chaque jour, il lui faisoit éprouver de nouvelles vexations. Voyez au contraire quelle est l'estime, quels sont les égards que les Bourbons lui accordent.

A peine ont-ils remis le pied sur le territoire français que déjà cette arme a fixé leur attention. S. M. voulant lui donner une preuve éclatante de l'intérêt dont elle l'honore, vient de conférer à son auguste neveu, Monseigneur le Duc d'Angoulême, le titre de *Grand-Amiral*. De son côté, Son Altesse Royale, non moins empressée de faire connoître au Corps respectable qu'elle est appelée à commander les sentimens de bienveillance qu'elle lui voue, a pris spontanément la résolution de venir visiter le premier Port du Royaume, et de se placer au milieu des braves qui composent la Marine. Son arrivée vient de combler nos vœux. Privés depuis bien long-tems de ces marques délicates d'une faveur sigualée, nous avions eu d'abord quelque peine à croire à une nouvelle qui n'étoit pas moins délicieuse pour nous qu'elle n'étoit inattendue. La promesse de SON ALTESSE nous avoit remplis d'allégresse ; sa présence a excité l'enthousiasme que le témoignage d'une attention si obligeante devoit inspirer. Par cette grâce singulière, MONSEIGNEUR paroît prendre l'engagement de n'être pas seulement *Grand-Amiral* honoraire, ainsi que son haut rang pourroit le lui permettre ; SON ALTESSE manifeste le désir d'en remplir personnellement les fonctions. Une si noble détermination aura l'effet de l'étincelle électrique, elle embrasera les cœurs de tous les marins, de ceux-là même qui paroissoient encore regretter *Buonaparte*.

Marins, Soldats, votre bravoure vous aveugle : vingt années de guerre vous ont accoutumés aux combats ; vous ne faites aucun cas de la vie, et vous ne connoissez d'autre honneur que celui de périr sur la brèche. Votre seule ambition est une mort glorieuse ou un avancement rapide : le repos vous étoit insupportable. On doit assurément admirer tant de courage et de résignation ; mais la Paix est le besoin des nations ; tous les peuples la demandent. De Lisbonne à Moscow, les champs sont dévastés, les hameaux brûlés, les chaumières renversées, les châteaux livrés au pillage, les villes saccagées, les places fortes accablées par des siéges sans cesse renouvelés tantôt pour un parti, tantôt pour un autre ; toutes les Capitales du continent ont eu à gémir de l'envahissement de l'ennemi. La guerre n'étoit plus tolérable : la paix devoit se faire ; *Buonaparte* lui-même ne pouvoit plus l'éviter. Ses orateurs à gages ne répétoient-ils pas, dans chacun de leurs discours, que l'unique objet des vœux de S. M. étoit la Paix, pour laquelle elle étoit prête à renoncer à ses conquêtes ; que si, après tant de sacrifices, S. M. exigeoit encore de son Peuple des hommes et des millions, c'étoit pour conquérir la Paix ?

Depuis le commencement des hostilités nous avions par nos victoires conservé le droit d'en dicter les conditions ; et c'est nous qui les recevons des Puissances Alliées, au centre de la France, dans Paris même ! Il faut en convenir, l'orgueil français ne peut qu'en être humilié. Mais quel autre que *Napoléon* nous a exposés à un pareil affront ? Quel autre doit en porter tout l'odieux ? N'y auroit-il pas autant d'injustice que d'ingratitude à en attribuer le tort à Louis ? *Napoléon* nous a livrés pieds et mains liés à l'ennemi, il nous a laissés à sa discrétion : nous allions subir son joug, car les sujets de *Buonaparte*, insatiable persécuteur des Rois coalisés, ne pouvoient en obtenir qu'une trêve honteuse ; trêve par laquelle nous eussions été forcés de laisser en leur pouvoir toutes nos places fortes et nos vaisseaux ; trêve par laquelle nous nous serions condamnés à laisser gémir nos prison-

niers dans un esclavage perpétuel ; trêve par
laquelle ils auroient exigé des sommes énormes
de notre Trésor déjà totalement épuisé, et des
réquisitions onéreuses des pays qu'ils auroient
long-tems encore occupés. Dans l'affreuse détresse et dans l'état absolu d'épuisement où
vous vous trouviez, votre valeur, jusque là si
efficace, auroit été impuissante. Votre ennemi,
bien supérieur en nombre, s'étoit ménagé des
renforts considérables ; ses projets étoient sage-
ment concertés et s'exécutoient avec un ordre
et un ensemble qui étoient bannis de vos opé-
rations. Les efforts des Alliés tendoient vers un
seul et même but, la prise de la Capitale. Ils
y marchoient avec persévérance, malgré les défaites partielles qu'ils éprouvoient. Vos armées,
dont les communications se trouvoient fréquem-
ment interrompues, agissoient toujours avec
leur courage ordinaire, mais sans plan déter-
miné. Tantôt victorieuses, tantôt battues, elles
faisoient alternativement quelques pas en avant
ou en arrière : ce n'étoient plus ces grands élans
qui des bords du Rhin vous portoient subitement, à l'aide de deux ou trois victoires, sur
les rives de la Vistule. Votre chef, resserré
dans un cercle trop étroit pour les grands
mouvemens auxquels il étoit accoutumé, y
tournoit sur lui-même comme le papillon autour de la flamme d'une chandelle qui bientôt
lui brûle les ailes et l'abat. Quoi que vous en

puissiez dire, ce dénouement étoit devenu inévitable. En vain vous prétendez avoir été trahis ;
vos chefs, que vous accusez, se seroient rendus
coupables d'une inutile effusion de sang, en
prolongeant une lutte si inégale. Non moins
vaillans, mais plus prudens que vous, ils ont
bien mérité de la Patrie et du ROI, en leur
conservant les précieux restes de ces invincibles
bataillons qui ont subjugué l'Europe presque
entière. Quel résultat ont eu les brillans combats de Toulouse et de Bayonne ? Quel avantage même avons - nous retiré des batailles
livrées sous les murs de Paris ? Les français
avoient-ils besoin de donner ces sanglantes et
dernières preuves de valeur ? Déplorons à jamais ces funestes victoires ! Non, les Maréchaux
et les Généraux n'ont pas fait tort à leur vieille
renommée, en donnant le signal de la soumission. Non, les Parisiens n'ont pas terni leur
honneur en capitulant. Ils ont épargné à la
France du sang, des larmes, des pertes énormes et irréparables. En ouvrant leurs portes
aux défenseurs des droits des BOURBONS, ils
ont prévu, ils ont préparé le bonheur dont
nous allons jouir sous leur règne tutélaire.
Grâces leur en soient rendues ! Les partisans
de *Napoléon* n'ont pas même le droit de taxer
les Parisiens de félonie. N'est-ce pas *Joseph*,
frère de *Buonaparte* ; ne sont-ce pas les premières Autorités de l'Empire qui ont fui de

la Capitale, qu'ils laissoient sans munitions de guerre, emmenant avec eux l'*Impératrice* et son fils, seuls otages qui pussent encore préserver Paris d'une ruine totale ? N'ont-ils pas les premiers abandonné lâchement le champ de bataille, en recommandant à ceux qui étoient encore rangés sous leurs aigles de se faire exterminer jusqu'au dernier, afin qu'ils pussent, eux, le danger passé, revenir prendre possession de leurs dignités, de leurs rangs et de leurs richesses ? *Buonaparte* lui-même, pour entraîner au moins sa bonne ville de Paris dans sa chute, n'a-t-il pas ordonné de faire sauter la poudrière de Grenelle ? Et c'est pour de tels hommes que les Parisiens auroient exposé la plus belle ville du monde aux horreurs du pillage et de l'incendie ! Les Russes, dira-t-on, ont montré plus de résolution : ils n'ont pas hésité à livrer leur ancienne Capitale aux flammes, comme le firent jadis les Carthaginois et les Numantins. Mais le sacrifice des Russes a été compensé par nos désastres, et rien ne nous auroit dédommagés de la destruction de Paris ! ! ! Quelle source d'éternels regrets ! ! !

Elle est tombée cette Capitale au pouvoir des Souverains alliés. Comme un autre Omar, l'Empereur de Russie en auroit pu faire une autre Alexandrie. Mais combien il s'est montré supérieur à ces guerriers farouches qui n'usent de la victoire que pour livrer leurs conquêtes à la dévastation ! Quelle modération, quelle magnanimité dans sa conduite ! Tout a été respecté : nous conservons même tous les chefs-d'œuvres des arts, trophées chers et glorieux de nos victoires. La Colonne triomphale, ce monument qui atteste les nombreuses défaites des Puissances Alliées, est restée debout ! L'amour des arts et le noble orgueil de n'avoir pas cédé, en l'abattant, à des sentimens de jalousie, de vanité, et de vengeance, ont seuls pu leur en faire supporter la vue.

Mais cette générosité que nous admirons, ce calme si inattendu, à qui les devons-nous ? à Louis XVIII. Le retour des Bourbons a seul conjuré l'orage prêt à fondre sur nous ; seul il a désarmé nos ennemis ; seul il leur a inspiré la modération qui nous a sauvés. Marins et Soldats, vous vous plaignez des pertes que nous impose le Traité de Paix ; vous regrettez tous les pays situés de ce côté du Rhin que nous avons été forcés d'abandonner. Comme vous, j'ai formé le vœu de voir les limites du Royaume reculées jusqu'à ce fleuve. Dernièrement encore *Buonaparte* a pu les garantir à la France ces bornes que la nature semble lui avoir tracées ; mais *Buonaparte* n'a pas voulu s'en contenter. Falloit-il, pour cette cause, rallumer une guerre déjà trop prolongée et dont les chances eussent été si incertaines ! J'en appelle à vous-mêmes, prononcez. Louis a pu signer une Paix rai-

sonnable et qui laissât aux alliés les avantages
que la nature des négociations leur permettoit
de réclamer ; mais quoique entièrement sous
leur dépendance, ce ROI, vraiment français, a
refusé de souscrire à des conditions honteuses.
Qu'on me remène aux carrières, disoit un grand-
homme. *Reconduisez-moi dans mon exil*, disoit
Louis, plutôt que d'exiger de moi des stipulations qui compromettroient la sûreté et l'honneur de la France.

L'abandon de l'Ile-de-France et des Séchelles
est sans doute fâcheux pour nous ; ce sont surtout les marins et les habitans des ports qui
connoissent la valeur de ce sacrifice ! N'en
croyons pas même *Napoléon* qui , lors de la
reddition de cette paisible et florissante colonie, cherchoit à nous persuader que cette perte
étoit un avantage pour la France ; mais con-
sidérons qu'avec cette Colonie, Tabago et Sainte-
Lucie, nous payons la restitution qui nous est
faite de toutes les autres. Songeons qu'aucune
n'étoit en notre pouvoir et que nous n'avions
pas d'espoir de les recouvrer. Songeons que la
mer étoit fermée à notre Commerce et pour
ainsi dire à notre Marine Militaire. A présent
nous verrons nos flottes voguer sur toutes les
plages ; nos relations établies avec l'Inde, la
Guadeloupe, la Martinique, la Guiane, et
bientôt, sans doute, avec Saint-Domingue
même ; nous verrons nos établissemens de Terre-
Neuve

Neuve rendus à l'active industrie de nos marins. Disons donc franchement que, par les
stipulations du Traité relatives aux Colonies,
nous gagnons beaucoup et nous perdons peu.
Avouons que notre État Militaire et notre Marine, quelque modiques qu'ils nous paroissent
aujourd'hui, parce que nous les comparons au
colosse sans proportions dont nous étions forcés
de soutenir la masse gigantesque ; avouons, dis-
je, qu'à la fin d'aucune guerre la France n'a conservé des forces aussi considérables tant sur terre
que sur mer, et ne voyons dans leur maintien que
la bonté touchante de notre excellent MONARQUE,
qui voudroit ne faire que des heureux.

Braves Militaires et braves Marins, la réduc-
tion indispensable des Armées et de la Marine
vous paroît un attentat à vos droits, un oubli
de vos services ; mais comparez le sort qui vous
attend à celui qui vous étoit réservé, si les
Alliés eussent traité avec *Buonaparte.*

Le licenciement de l'armée entière et de la
Marine devenoit inévitable : il auroit été une des
conditions expresses du Traité et même de l'éva-
cuation du territoire. Vous eussiez été presque
tous renvoyés. Les blessés auroient obtenu de très-
modiques pensions ; le petit nombre d'anciens
serviteurs auroit eu des retraites, les autres
auroient été abandonnés à leurs propres ressources. En vous congédiant, après la Paix,
Buonaparte vous auroit-il accordé la *moitié de*

vos appointemens pourtrai tement de non-activité? Vous n'en eussiez rien obtenu. Quand il s'est montré libéral à votre égard, ce n'étoit pas vos services passés, mais ceux qu'il vouloit exiger de vous qu'il récompensoit.

On sait assez comment il considéroit et traitoit les militaires blessés ou pris pour sa cause, quand ils ne pouvoient plus la servir. Malheur à ceux qui se trouvoient forcés de déposer les armes! Plus de secours, plus de faveurs pour eux; leurs réclamations n'étoient pas écoutées; ils étoient mis dans l'oubli.

Louis au contraire, malgré l'état de paix, conserve encore une armée de plus de 200,000 hommes, non compris sa Garde. Onze mille deux cents officiers seront en activité; et 2,100, employés à la suite, recevront le traitement d'activité. Des pensions et des retraites seront payées à ceux qui y ont droit. Tous les autres officiers jouiront, dans leurs foyers, de la moitié des appointemens d'activité. Qu'eussiez-vous demandé de plus, si vous eussiez été appelés à fixer vous-mêmes votre sort? La munificence de Louis a surpassé vos espérances. Ce n'est pas lui que vous avez défendu; mais les soldats de la Révolution, les soldats de *Buonaparte* sont tous les enfans de Louis. Il veut honorer et récompenser leur valeur; il les chérit comme Français, il les aime, parce que leur gloire se rattache à la sienne. En seroit-il encore parmi vous qui pussent se montrer insensibles à tant de marques éclatantes du plus tendre intérêt ? Quelques-uns pourroient-ils balancer encore entre l'homme qu'ils ont servi et qui les a sans cesse tourmentés et le Prince qui, ne leur devant rien, les accable de bienfaits ? Non ; vous rendrez tous à Louis amour pour amour ; vous serez ses plus intrépides défenseurs et les plus fermes soutiens de son trône. Ces nobles sentimens vous les inspirerez à vos enfans, et la France n'aura plus à redouter les changemens funestes qui, pendant vingt-cinq ans, ont altéré les sources de sa prospérité et répandu le deuil dans toutes les familles.

Quelques personnes ont encore une si forte prévention pour les talens militaires de *Napoléon* qu'on exciteroit leur courroux, sans les convaincre, en cherchant à réduire sa haute renommée à sa juste valeur. Ce seroit aussi sans succès qu'on attaqueroit sa bravoure : en vain on objecteroit à ses partisans que si leur héros eût été digne de ce nom il ne se seroit pas livré vivant à ses ennemis ; qu'il auroit, comme Bias, dit à ses soldats : « *Ce qu'il y a à faire pour vous c'est de tâcher de vous sauver ; et pour moi, c'est de mourir en combattant.* » Il faut donc, jusqu'à ce que ces hommes soient désabusés, laisser la question *in statu quo.*

Quant à la politique de *Buonaparte,* elle

trouvera à peine quelques prosélytes. Elle n'appartient qu'à lui seul, l'opinion générale l'a depuis long-tems condamnée. La mort du duc d'Enghien n'a été qu'un forfait inutile. La guerre d'Espagne est l'agression la plus injuste et en même tems la plus perfide qu'une nation ait jamais dirigée contre une autre. La campagne de Russie, dont la fin a été si funeste, n'a été entreprise que pour satisfaire la vanité de *Napoléon* qui avoit résolu de planter ses aigles sur le Kremlin et de faire venir une troupe de comédiens de Paris pour l'amuser à Moscow. Et trois cent mille hommes ont payé de leur vie cette folle et audacieuse entreprise!!! Et on prétendra qu'un homme de cette trempe étoit fait pour gouverner! *ô hominum cœcitas!* Quels étoient les motifs de la plupart des autres guerres? le projet ambitieux de donner des Royaumes ou des Souverainetés à tous les siens. Il vouloit, disoit-il, *qu'avant dix ans sa dynastie fût la plus ancienne de l'Europe.* La fortune, et surtout la valeur des Français n'ont que trop long-tems servi ses intolérables prétentions. Selon les principes machiavéliques du Despote, *la Hollande n'étoit qu'une émanation de l'Empire, sans elle l'Empire n'auroit pas été complet.* La Hollande a donc été réunie à la France.

Mais la mesure la plus fausse qu'il ait peut-être imaginée est celle du *Système continental.*

Dans combien de fautes elle l'a entraîné ! Il y en a d'atroces, d'inconséquentes, d'absurdes, de pitoyables. Elle a été le prétexte de la guerre avec les Russes, guerre qui a armé contre nous la Prusse, l'Autriche et la Confédération entière. Le *Systême continental*, quand il eût été raisonnable, auroit-il été exécutable ? comment empêcher la fraude sur une étendue de mille lieues de côtes ? *Buonaparte* paroît en avoir reconnu l'absurdité; mais, pour ne pas convenir qu'il avoit pu se tromper, il y a persisté. Malgré son armée de douaniers, malgré les vexations de tout genre, il n'a pu empêcher l'introduction des productions coloniales venant de l'Angleterre. Qu'a-t-il fait alors ? Il s'est constitué le premier contrebandier de son Empire, *il a vendu des licences*. Ainsi, lorsque ses Tribunaux spéciaux de douanes condamnoient les malheureux qui se trouvoient en contravention avec ses lois, lui-même les enfreignoit publiquement; lui-même violoit ce grand Systême qu'il vouloit contraindre les Russes à respecter. Il déclaroit vouloir couper aux Anglais toute communication avec le continent, et il commerçoit avec eux. Il prétendoit les forcer à la Paix par la famine, et il leur expédioit du grain. Il a même poussé l'abus si loin que, par un monopole qui à la vérité lui a rapporté cent quarante millions, il a, en 1812, failli affamer la France.

Le pain étoit d'une cherté qui ne permettoit pas aux indigens de s'en procurer. Dans quelques contrées, à Caen surtout, il y eut des émeutes; elles furent réprimées par la peine de mort.

C'est ainsi que l'appât du gain le portoit à nourrir, à notre détriment, ces Anglais qu'il appeloit ses implacables ennemis. Sa haine pour eux étoit si forte que leurs marchandises même lui devinrent odieuses : il ordonna qu'elles fussent livrées aux flammes. En effet, sur toutes les places publiques, on vit la mousseline, la perkale, l'indienne, le casimir, le drap, servir d'aliment à ces auto-da-fés mercantiles. On vit des hommes, couverts des haillons de la misère, dérouler et étendre sur les flammes ces belles pièces d'étoffes qui les auroient si bien vêtus. Il faut en outre remarquer que ces marchandises, capturées par les corsaires ou par les bâtimens de l'État, avoient été vendues publiquement, que par conséquent, quoique soumises à l'exportation, elles étoient la légitime propriété des particuliers qui les avoient payées. Cependant ce même Gouvernement, qui en avoit fait lui-même ou qui en avoit autorisé la vente, qui avoit perçu les droits dont elles étoient passibles, sans rembourser, sans même indemniser les propriétaires, les faisoit enlever et *brûler*. Etoit-ce au commerce Anglais ou au commerce Français que *Buonaparte* faisoit la guerre ? Les Anglais ont savouré la fumée

de ces brûlis. Beaucoup d'armateurs ont re-
noncé à la course dont cette mesure diminuoit
les chances déjà si périlleuses, sans encourager
l'industrie nationale. Mais *Buonaparte* ne s'occu-
poit du commerce et de l'industrie que dans des
discours et dans des rapports. Si pourtant quelque
branche offroit des avantages, alors il s'en empa-
roit, et ne laissoit à ceux qui l'exploitoient
auparavant que le soin d'acquitter les onéreuses
contributions qu'il imposoit à son bon Peuple.

Sans contredit, l'art dans lequel il a excellé
est celui de la création et de la perception des
impôts. Peut-être cependant doit-on encore
placer au-dessus la tactique des Conscriptions :
deux millions deux cent quarante-six mille cons-
crits levés depuis 1806 prouvent une assez
grande habileté dans ce genre. Ajoutez à ce
nombre les gardes-d'honneur, les gardes nationales qui, par décret, ne devoient pas sortir
du territoire, et dont les premiers régimens,
dans lesquels étoient beaucoup de pères de famille, ont été massacrés auprès de Dresde.
Mais le fini de l'art consistoit surtout à prendre
trois ou quatre fois le même individu. Echap-
poit-il, à force d'argent, comme conscrit, à
cinq ou six levées, il étoit appelé pour faire
partie de la garde nationale active du premier
ban ; après s'y être encore fait remplacer, en
achetant ce droit 120 francs, il étoit désigné
pour la garde nationale deuxième formation.

S'il s'en étoit tiré aux mêmes conditions, on le saisissoit pour la garde urbaine active, ou pour la garde d'honneur. Les remplaçans n'étant pas admis dans ce dernier corps, force étoit de marcher. Mais c'étoit peu de payer de sa personne, il étoit encore obligé de s'habiller, de s'équiper et de se monter à ses frais ; ou la famille avoit à acquitter une taxe arbitraire.

Pour peu que cela eût duré, il n'y auroit plus eu de famille qui ne se fût éteinte ; plus de fortune qui n'eût été anéantie ; car, comme je l'ai dit, l'art de pressurer le bon Peuple étoit porté au plus haut degré. Aux impôts directs ordinaires on en joignoit encore d'extraordinaires. Venoient ensuite les taxes sur les fortunes, et les dons forcément volontaires ; puis les frais d'habillement des gardes nationales du premier ban, des gardes nationales de deuxième formation, des gardes urbaines, des gardes d'honneur ; et enfin les réquisitions de chevaux, de grains, etc. Après cela, si vous aviez un emploi, ou si vous exerciez une profession tant soit peu libérale, on vous faisoit la retenue du cinquième, ou le Ministre duquel vous dépendiez vous réclamoit une rétribution gracieuse et annuelle qui vous arrachoit au moins le bénéfice qu'avoit pu vous procurer votre travail. *Buonaparte*, après sa déchéance, pouvoit adresser à son successeur ces paroles remarquables de *Drusus* : *Je n'ai laissé d'autre ré-*

partition à faire que celle de la boue ou de l'air. Et Louis XVIII pourroit à son tour lui dire, comme *Auguste : Varus, Varus, rends-moi mes légions.*

La terreur étoit si grande que les hommes appelés se résignoient d'avance au départ, et même à la mort; qu'un grand nombre, pour prévenir la désignation, sollicitoit et obtenoit des places d'officiers et de sous-officiers, ou au moins le choix du corps dans lequel ils préféroient servir. Ces enrôlemens volontaires, ne diminuant pas le contingent de la ville, grossissoient considérablement les armées. Les contributions, tout excessives qu'elles étoient, se payoient avec exactitude.

Tous ces sacrifices, croyez-vous qu'ils étoient commandés dans l'intérêt de la Patrie? Détrompez-vous : ils n'étoient ordonnés que pour maintenir la Couronne Impériale sur la tête de *Buonaparte.* Lui! rien que lui! toujours lui!

Si le sort des Français l'eût touché, après avoir causé leurs malheurs, et ne pouvant plus désormais que les accroître, il auroit depuis long-tems abdiqué. Mais une résolution généreuse pouvoit-elle sortir du cœur sec de *Buonaparte!* Il auroit plutôt sacrifié la France entière que de céder seulement un de ses titres, lors même qu'ils étoient devenus illusoires!

Le Despote avoit en mains la force. Ombrageux à l'excès, comme le sont tous les tyrans, il avoit encore à ses gages une armée d'espions ; des bastilles étoient aussi à sa disposition, et servoient trop bien ses vengeances. Il étoit dangereux de lui déplaire. On murmuroit pourtant de tous côtés, mais secrètement ; à peine quelques personnes osèrent-elles lever la voix et braver sa haine. Dans le nombre de ces hommes courageux, on citera toujours avec éloge plusieurs Membres du Corps-Législatif, organes de leurs collègues. Ce Corps fut aussitôt dissous. Quelques Sénateurs ont aussi, dans ces circonstances, donné des preuves d'énergie.

C'est à cette époque, c'est avant que les troupes étrangères eussent passé le Rhin qu'elle auroit dû être prononcée cette déchéance qui auroit préservé la France de l'invasion et des désastres qui l'ont suivie. Tous les hommes qui savent prévoir les événemens la regardoient bien comme inévitable ; mais ils auroient voulu en hâter l'époque. Ils n'ignoroient pas que *Buonaparte* étoit le seul obstacle à la paix et que seul il causeroit nos derniers malheurs. Que le Sénat eût encore été grand ! qu'il auroit noblement expié son obéissance passive et son culte aveugle envers l'idole, si, brisant ses images, il l'eût déposé ; et si, cédant au vœu des Français, il eût alors appelé librement Louis XVIII et les Bourbons ! Le peuple le combleroit aujourd'hui de ses bénédictions ! *Buonaparte* , abattu par une Autorité légitime auroit conservé bien peu d'amis ; Louis, rétabli dans ses droits

par le Sénat , n'auroit pas trouvé d'oppo-
sans : le sang français n'auroit pas arrosé la
terre de nos pères ; l'orgueil national et l'honneur militaire ne seroient pas blessés d'avoir
vu cet heureux changement s'opérer par les
secours de l'étranger ! Mais jetons un voile sur
les causes et ne voyons que les effets de cette
grande et heureuse Révolution , qui du moins
s'est faite sans effusion de sang.

Buonaparte , en s'emparant du timon a
pu diriger le vaisseau de l'État à son gré. Ce
vaisseau avoit, à la vérité, essuyé quelques
tempêtes , mais les ressources pour sa répa-
ration étoient incalculables ; il étoit facile à un
bon nautonnier de le conduire au port : il ne
falloit que gouverner avec prudence. Son équipage étoit excellent; quel parti il en pouvoit
tirer ! en le ménageant , il auroit pu parcourir
toutes les mers , aborder sur toutes les côtes
où il lui auroit plu de montrer et de faire respecter son pavillon ; il auroit soumis son plus
redoutable ennemi ; et bientôt il n'en auroit
plus connu d'autre. Mais trop confiant dans
sa fortune , après avoir navigué tantôt par
un tems serein , tantôt avec la bourasque , il
a voulu attaquer la côte. Toujours imprévoyant
dans ses manœuvres , au lieu de laisser arriver
avec précaution , il a forcé de voile et n'a fait
qu'un naufrage éclatant, quand il croyoit faire
une entrée triomphante. Le vaisseau , poussé

..olemment , a échoué ; une partie de l'équipage
a péri et le chef lui-même eût été englouti, si
un ennemi généreux, à qui il avoit *sans le
vouloir* rendu les plus grands services, ne l'eût
sauvé et jeté dans une île éloignée.

L'imprudent est déchu de son commande-
ment : c'est la seule peine qu'on lui ait infligée !
Quel Tribunal, quels juges se seroient montrés
plus indulgens ? Est-il possible que quelques
hommes de l'équipage soient encore séduits de
son audace et fassent encore entendre des ac-
clamations en sa faveur ! Auroient-ils la témé-
rité de s'embarquer de nouveau avec lui ?
Voudroient-ils courir à une mort certaine et
honteuse ? Non ; ils s'abusent eux-mêmes. *Napoléon* les a perdus, il est déchu, il a abdiqué,
ils ont applaudi à sa déchéance, ils doivent
donc abandonner sa cause.

Un homme, un seul homme pouvoit désormais relever la France abattue ; un seul étoit
appelé par un vœu presque unanime : c'étoit
Louis-le-Désiré. Lui seul avoit des droits in-
contestables, lui seul pouvoit anéantir toutes
les prétentions ; lui seul pouvoit obtenir l'éva-
cuation entière du territoire. C'est à lui que les
Souverains alliés avoient frayé le chemin du
trône ; ce n'étoit qu'avec lui qu'ils consentoient
à traiter sans exiger de garantie. Quel autre
que lui eût obtenu, dans l'espace d'un mois,
une Paix Générale, qui nous restitue intact le

territoire de l'ancienne France ? Quel autre que lui, en réunissant tous les cœurs, eût confondu presque toutes les opinions ?

Une Régence amène des troubles dans les tems les plus calmes : que n'eussions-nous pas eu à redouter sous celle qu'on auroit voulu nous donner ? La guerre étrangère et la guerre civile l'auroient long-tems ensanglantée. Jamais elle n'auroit pu se traîner jusqu'à la majorité du Prince. Il est donc, sous tous les rapports, très-heureux qu'on l'ait rejetée.

Les apôtres de la liberté et de l'égalité voudroient-ils redresser les autels de ces deux divinités ? Ils nous précipiteroient de Carybde en Sylla.

Les Français ont reconnu les avantages d'un Gouvernement Monarchique ; les leçons de l'histoire, et leur propre expérience leur ont appris que c'étoit le seul qui convînt à leur caractère et à leurs mœurs, aussi bien qu'au système politique de l'Europe. Nous avons donc dû, sans hésiter, adopter une Monarchie. Les antiques lois de l'État, la raison, la justice et l'intérêt du Peuple nommoient le seul Souverain légitime ; il a été proclamé. Il n'y a donc plus qu'un seul parti à prendre, c'est de reconnoître Louis le Désiré comme Roi des Français, et de lui prêter et garder obéissance.

Ce Monarque se présente au milieu de nous comme un dieu tutélaire. S'il prend les rênes de l'État, ce n'est pas pour la gloire pénible de porter un sceptre, c'est pour verser un baume salutaire sur nos blessures, c'est pour nous rendre au bonheur : aussi son premier bienfait a-t-il été la clôture du temple de Janus. Quelle différence entre l'état où il a trouvé la France et celui où elle étoit quand *Buonaparte* s'est fait nommer *Consul*! *Napoléon* a renversé l'édifice, Louis a la charge difficile de le reconstruire. Déjà le plan est dressé, la première pierre est posée et annonce un monument aussi solide qu'imposant. La Religion entourée de ses Ministres, qui sont prosternés, est debout sur la base. Elle tient la vraie Croix et montre du doigt aux chrétiens le véritable Restaurateur de son culte. Dans l'éloignement, on voit le serpent qui s'enfuit.

Louis, embrasé de l'amour divin, encourage le Peuple qui le presse, l'exhorte à la patience, et lui promet, au nom du Dieu qui l'a inspiré, de longs jours de prospérité.

Tout doit faire naître la confiance en ce Monarque chéri. Ceux qui l'ont approché ont été émus jusqu'aux larmes des marques touchantes de son extrême bonté. Attendri lui-même il ne leur a adressé que des paroles de paix et de consolation. Son éloquence expansive est toute dans son cœur. Ses Déclarations et tous les Actes émanés de son autorité ont assez fait connoître ses intentions paternelles et la sagesse de son Administration. Il ne vient pas, après vingt-cinq ans, effrayer la France par une réaction sanglante ; il a garanti la vente des biens nationaux, proclamé l'oubli des erreurs et des torts, et même le pardon des crimes révolutionnaires. Tous ses discours, toutes ses actions portent l'empreinte de la modération, de la prudence et d'un discernement éprouvé.

Oublions s'il se peut que *Buonaparte* a régné sur nous. Ne nous rappelons les actes de son Gouvernement que pour admirer combien la France est fertile en ressources, et à quel excès il les a prodiguées. C'est dans ce dessein et pour qu'on puisse décider, sans partialité, *quelle est la bonne cause* que j'ai retracé la conduite de *Napoléon*. Comme il n'entroit pas dans mon plan de composer une diatribe, j'ai comprimé mon indignation ; je me suis pour ainsi dire borné au récit des faits., j'y ai mêlé très-peu de réflexions, je ne veux pas qu'on m'adresse le reproche, devenu banal, *de battre un homme à terre*. Cet écrit, en un mot, n'est que le résumé des observations que chacun a pu faire. Son seul mérite sera de les présenter réunies. Je m'applaudirai de mon travail s'il peut dessiller les yeux de quelques-uns des mécontens et leur persuader que plus ils sont aujourd'hui malheureux, plus ils doivent trouver odieux celui qui a causé leur infortune, et plus ils doivent d'actions de grâces à celui qui veut la réparer.

Louis, passionné pour le bonheur des Français, ne craint pas de s'imposer cette tâche difficile. Ne lui en laissons pas tout le poids ; que chacun contribue de toutes ses facultés au grand œuvre de la Régénération.

Magistrats, officiers, soldats, marins, employés, citoyens de tous les rangs et de toutes les classes, rallions-nous tous autour du trône de Saint-Louis. L'auréole de ce saint Roi brille sur la tête de notre Souverain. Héritier de son trône, il l'est aussi de ses vertus. Le retour de l'auguste famille de Henri IV nous fait renaître à l'espérance. Le bonheur est un don du ciel : pourrions-nous refuser encore de croire à celui qui nous est envoyé, quand, pour nous l'annoncer, le maître des hommes emprunte la voix de cette intéressante Princesse, modèle de grâce, de candeur et de bonté, qui a tant de droits à notre amour, et que tous les Français proclament à l'envi l'*Ange Protecteur de la France*. Jouissons donc de toute notre félicité. Embrassons tous la *bonne Cause* , prenons tous le *bon Parti* : ne formons qu'un seul vœu, celui du long règne de Louis le Désiré ; ne connoissons plus d'autres cris de ralliement et d'allégresse que ceux-ci :

VIVE LE ROI ! VIVENT LES BOURBONS !

F I N.